DES EXPOSITIONS

DE

BEAUX-ARTS

CE QU'ELLES SONT, CE QU'ELLES DEVRAIENT ÊTRE

PAR

P.-A. JEANRON

ANCIEN DIRECTEUR GÉNÉRAL DES MUSÉES

I.

PARIS

E. DENTU, LIBRAIRE-ÉDITEUR

PALAIS-ROYAL, 13 ET 17, GALERIE D'ORLÉANS.

1861

DES EXPOSITIONS

DE

BEAUX-ARTS

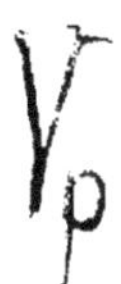

PARIS

IMPRIMERIE DE L. TINTERLIN ET Ce

rue Neuve-des-Bons-Enfants, 3

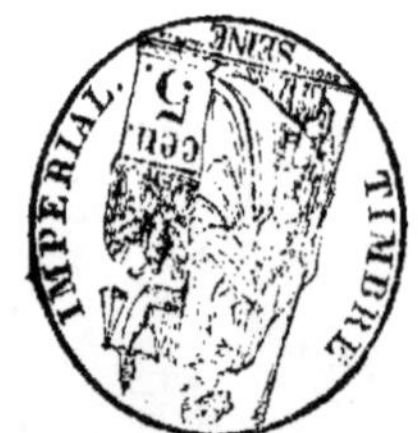

DES EXPOSITIONS

DE

BEAUX-ARTS

CE QU'ELLES SONT, CE QU'ELLES DEVRAIENT ÊTRE

PAR

P.-A. JEANRON

ANCIEN DIRECTEUR-GÉNÉRAL DES MUSÉES.

I

PARIS

E. DENTU, LIBRAIRE-ÉDITEUR

PALAIS-ROYAL, 13 ET 17, GALERIE D'ORLÉANS

—

1861

DES EXPOSITIONS

DE BEAUX-ARTS

ORIGINE DES EXPOSITIONS DE BEAUX-ARTS.

Au temps de nos vieilles corporations et de nos anciennes maîtrises, on essaya maintes fois de mettre sous les yeux du public les ouvrages de l'art : le nom d'exposition ne convient pas précisément à ces essais.

Les Arts et Métiers qui relèvent du dessin étaient alors unis, mêlés, et même assez difficiles à distinguer l'un de l'autre : des ouvrages de tout genre, étalés sur le pavé, appuyés au parapet du Pont-Neuf ou du quai de la Ferraille, n'étaient pas des expositions de Beaux-Arts. L'indifférence de l'opinion et celle du pouvoir réduisaient à presque rien la signification de ces étalages forains, qui avaient une valeur pourtant sérieuse.

La première exposition officielle d'objets d'art date, croyons-nous, de 1673.

Elle se fit sur les murs de l'hôtel Brion, autrefois Richelieu, là même où se trouvent maintenant le Théâtre-Français et la cour du Palais-Royal. Nous n'avons encore trouvé ni description, ni estampes qui indiquent l'aménagement de cette première Exposition ; mais nous croyons qu'il se fit d'une façon convenable.

Les artistes exposants, étant alors pour ainsi dire plus décorateurs, plus ouvriers que nous ne le sommes, ont dû à cette occasion prouver leur invention et leur habileté. De quoi s'agissait-il ? De leurs propres affaires. En les faisant eux-mêmes ils n'avaient à souffrir ni de la paresse, ni de l'ignorance, ni du mauvais vouloir.

L'enceinte provisoire où ils avaient leurs coudées franches était pour eux comme un bivouac : ils disposèrent les panneaux ou les cloisons, les auvents ou les bannes en plein air assez ingénieusement pour être servis à souhait par la lumière, au lieu d'en être contrariés. Et vous savez bien que les effets de la lumière sont le principal objet de l'observation de l'artiste qui fait son œuvre et qui doit la montrer.

L'Exposition de 1673 qui, à cause de ce local improvisé, gardait encore quelque chose du caractère des étalages forains dont nous avons parlé, parut cependant une nouveauté. En faisant tous les frais d'installation, le gouvernement venait pour la première fois au secours de l'art et des artistes.

L'imprimeur du roi publiait le catalogue; et, telle était la curiosité publique, que plusieurs éditions furent enlevées.

PREMIÈRE EXPOSITION

(1673).

Voici les principaux ouvrages qui y figuraient :

Philippe de Champagne : *Le Christ et les Pèlerins d'Emmaüs;*

Girardon : *Buste du Président de Lamoignon :*

Boulogne : *Dédale et Icare, Dalila et Samson :*

Lefebvre : *Portraits de M. de Colbert et de M. de Lude; du Président de Thorigny et de la Duchesse d'Aumont*; *des comédiens Poisson, La Fleur et Le Camus;*

Le Hongre : *Figure du Roi sur le Cheval de bronze;*

Rousseau, Millet, Cotelle, Mauperché, Laminoy et Charleton : *Paysages;*

Stella : *Baptême du Christ;*

Baptiste Monnoyer et Huliot : *Fleurs, Vases et Fruits;*

Nicasius : *Moutons et Chèvres;*

Vander Meulen : *Vues de Dôle et de Lille;*

Mesdemoiselles Élisabeth Chéron, Madeleine et Geneviève Boulogne : *Portraits et Paysages;*

Raon, Desjardins, Ruister et Renaudin : *Bustes, Statues, et bas-reliefs;*

Leclerc, Picard Valet, Chasteaux et Rousselet : *Gravures;*

Lebrun, chancelier et recteur de l'Académie, était représenté par les quatre tableaux si connus : *la Défaite de Porus, le Passage du Granique, la Bataille d'Arbelles, le Triomphe d'Alexandre* (1).

---

(1) L'absence de beaucoup d'artistes membres de l'Académie, doit être remarquée : les peintres Daret, Dubois, Hérault, Coypel, Heude, de La Fosse, Mathieu Lemaire, Michelin, Tortebat, Hilaire Pader et Mignard.

Les graveurs : Chauveau, Lombart, Israël Silvestre, Van Schuppen.

Les sculpteurs : Flemaël, Herrard, Michel Anguier, Pierre Sarrazin, Legros, Lespagnandelle et de Marsy.

ÉTAT DE L'ART EN 1673.

L'École Française prend en Europe son ascendant. Elle avait paru trop longtemps n'être que l'humble suivante de l'École Italienne ; mais, dès 1673, sa supériorité fut généralement reconnue. Les Carraches, le Dominiquin, le Guide et l'Albane étaient morts; Salvator Rosa terminait sa carrière l'année même de notre première Exposition française, Carle Maratte était encore pour quelque temps à l'œuvre ; l'Italie n'avait aucun maître éminent. En vain essayait-elle par vanité patriotique d'élever au rang des Michel-Ange, des Raphaël, des Corrège et des Titien les grands artistes qu'elle venait de perdre ; en vain prétendait-elle que leurs successeurs ne dégénéraient pas : son école était en pleine décadence.

Même déclin en Flandre et en Espagne : Rubens était mort en 1640, deux ans avant le Guide, un an avant Van-Dyck; en 1660, Vélasquez n'était plus ; Rembrandt mourait en 1674, une année après notre première Exposition ; Murillo expirait quatorze ans avant la seconde.

Ce n'est pas que je veuille en ces circonstances marquées par le sort, prétendre que l'Exposition de 1673 a été seule venue pour féconder les germes et assurer la moisson chez nous.

Je suis loin de le dire. L'inauguration de l'Académie Royale en 1648, et sa première Exposition en 1673, n'ont rien à revendiquer dans les causes originelles de notre victoire première.

Nicolas Poussin, Claude Lorrain, Sébastien Bourdon,

Philippe de Champagne et Eustache Le Sueur, avaient
fondé la gloire de notre école; il ne s'agissait plus que de
la maintenir.

LES EXPOSITIONS SOUS LE RÈGNE DE LOUIS XIV.

On n'en compte que trois.

Plusieurs indications vagues se trouvent dans les do-
cuments de notre École, malheureusement disséminés,
qui doivent nous empêcher de trop affirmer.

Un intervalle de vingt-six années paraît séparer la première Exposition de la seconde, qui n'aurait eu lieu
qu'en 1699.

A-t-il donc fallu, pour que les Expositions prissent leur
marche, on ne sait pourquoi interrompue, quelles fissent
une heureuse rencontre : cela est à croire, surtout quand
on envisage le dévouement et l'intelligence de celui que
nous allons voir intervenir : Mansart. C'est après la dé-
mission de M. de Villacerf, précisément vers la fin de
l'année où Mansart fut nommé Surintendant des bâtiments
du Roi et Protecteur de l'Académie Royale de peinture,
que nous voyons les Expositions apparaître avec faveurs
et protections nouvelles et plus grandes.

Le Garde-Meuble de la Couronne fournit les tapisseries
et tout le matériel nécessaire pour mettre la grande galerie du Louvre en état de recevoir la seconde Exposition.

Cinq ans après vint la troisième, en 1704, et il ne faut
pas, encore pour celle-là, oublier Mansart.

Le plus difficile était fait ; cet homme diligent n'avait

plus qu'à continuer. Il préparait déjà la quatrième, quand il mourut subitement à Marly.

La quatrième se fit attendre. Coysevox eut tout le temps de sculpter son admirable tombeau dans l'église de Saint-Paul, sa paroisse; il n'avait pas à se préoccuper de l'Exposition prochaine.

SUITE DES EXPOSITIONS DEPUIS LE REGNE DE LOUIS XV JUSQU'A CE JOUR

On ne pensait plus à Mansart quand, trente-trois ans après, la quatrième Exposition s'ouvrit sous le règne de Louis XV, en 1737; mais ce noble artiste n'en doit pas moins pour cela être considéré comme l'un des fondateurs de nos Expositions. Elles marchèrent sans interruption, tous les ans, jusqu'en 1751.

Quatorze Expositions annuelles, c'était bien une consécration formelle de leur utilité.

Sous le règne de Louis XV, douze expositions biennales eurent lieu, sauf une fois, jusqu'en 1773.

Sous le règne de Louis XVI, les Expositions furent continuées tous les deux ans, de 1775 à 1789. Il y en eut par conséquent huit.

Sous la République, de 1791 à 1799, il y en eut sept.

Sous le Consulat et l'Empire, de 1800 à 1812, huit.

Sous Louis XVIII, de 1814 à 1822, quatre.

Sous Charles X, de 1824 à 1827, deux.

Ainsi, sous Louis XV, Louis XVI, la République, le Consulat et l'Empire, les Expositions, considérées en prinripe comme annuelles, n'eurent lieu la plupart du temps que tous les deux ans, pour mille et une causes.

Sous Louis XVIII et Charles X seulement, on les fit triennales; et on s'en tint là règulièrement.

Sous le règne de Louis-Philippe, les Expositions redevinrent annuelles. Il y en eut seize, de 1831 à 1847.

Sous la seconde République, il y en eut trois, de 1848 à 1851.

Sous l'Empire, six, de 1852 à 1861.

A partir de celle de 1853, elles n'ont lieu que tous les deux ans.

LES EXPOSITIONS D'AUTREFOIS ET CELLES D'AUJOURD'HUI.

OBSERVATIONS ET RÉFLEXIONS

Bien que ce premier travail ne soit consacré qu'à indiquer la série des Expositions, on nous permettra de revenir à notre point de départ, à cette touchante inauguration de 1673, véritable étrenne dont les artistes furent joyeux comme des enfants.

Cette innovation fut aimée du peuple, bien vue de la bourgeoisie, favorisée par la noblesse; elle intéressa vivement les fonctionnaires et les administrateurs, les penseurs et les écrivains. Tous, d'un commun accord, déclarèrent que les Expositions allaient se marier heureusement avec le génie national : chacun était assuré de leur brillant avenir, en les voyant si fortement dotées des promesses et des dons que lui faisaient à la fois l'émulation, la richesse et le pouvoir. N'était-ce pas, d'ailleurs, sous le grand règne que le contrat se signait? Il surprit et charma l'Europe entière. Les voies n'étaient pas aussi rapides qu'aujourd'hui, mais la curiosité était plus vive. Les visiteurs accoururent de la province et de l'étranger ; ce mouvement modifia beaucoup de choses qui, à première vue, semblent étrangères à l'art. Nous n'entendons pas, on le verra bien, rabaisser sa noblesse ; mais nous ne négligerons pas non plus de montrer son action lucrative, qu'on nous passe le mot. Nous prouverons en effet que cette sorte de renaissance française, dont on n'a voulu compter que l'éclat, eut aussi des fruits, des avantages positifs.

La gloire n'est pas toujours la ruine ; souvent même s'illustrer c'est surtout s'enrichir.

Nous ne manquerons pas de dire ce que les Expositions ont coûté et produit au pays, dans un travail qui suivra de près celui-ci.

Quelques amis des arts se sont vivement intéressés à nos recherches : cela seul nous encourageait à les publier ; ce qui nous y décide c'est le souvenir des erreurs que nous avons vu commettre ; les ignorants, les oublieux, les ingrats amèneraient le pays à refuser à notre école le modique entretien nécessaire à son développement ; et même à supprimer les moyens par lesquels ils se sont eux-mêmes élevés.

Comment les Expositions ont-elles été comprises et réglées jusqu'au moment actuel? Irrégulièrement, capricieusement : avec incertitude quant au but, avec indécision quant au choix des moyens ; ce qui produit des confusions, des conflits administratifs, des oublis, des abus sans fin, et, qui pis est, les perpétue et les excuse. Personne n'en convient, personne n'en répond.

On n'a obéi qu'à des convenances étrangères à l'art,

qu'à des exigences illégitimes et d'ailleurs on ne peut plus frivoles.

Comment ces Expositions ont-elles été faites? Elles ont eu lieu soit l'hiver, soit l'été ; elles ont duré quinze jours, trois semaines, un mois, six semaines, souvent plusieurs mois. Quelques-uns les veulent maintenant permanentes. Si elles n'ont eu que des époques incertaines, elles n'ont eu aussi qu'un local provisoire.

Après avoir été faites dans l'ancien Louvre inachevé, plein d'inconvénients dont on ne se doute guère plus aujourd'hui, elles entrèrent dans les appartements bien mal disposés pour elles du Palais des Tuileries (1849) ; puis elles allèrent dans ceux du Palais-Royal ayant en outre l'avantage d'un abri provisoire qui autrefois lui avait manqué dans la cour de ce même Palais (1850); puis elles furent portées aux Menus-Plaisirs (1853); des Menus-Plaisirs, où elles étaient le moins mal, elles passèrent au Palais des Beaux-Arts de l'avenue Montaigne, actuellement démoli (1855); elles sont aujourd'hui au Palais de l'Industrie, Champs-Élysées; on sait comment on les y trouve. Où, quand et comment les verrons-nous encore disposées? Jamais encore on n'a pu lire sur l'affiche qui les annonce, le lieu et le jour de leur ouverture. Toujours quelque chose de vague et d'impatientant comme ceci : demain ou après-demain, cette année ou l'année prochaine, là ou ailleurs.

Il y a pourtant deux siècles que cela dure! Et l'on accuse les Français d'aller trop vite !

Aussi quelques-uns ne se gênent-ils guère pour affirmer que l'Exposition des œuvres d'art n'est même pas dans nos mœurs. Ils prouvent à qui veut l'entendre, que les espérances de nos devanciers, à cet égard, ont été déçues, et que les Expositions ne servent de rien.

' A les en croire, c'est pour d'autres que nos pères ont fait cette invention.

En tout cas, ils assurent que nos Expositions, déjà vieilles en apparence, ne sont encore en réalité qu'à l'état rudimentaire.

Il y a du vrai là dedans, notons-le ; nous relèverons ce qu'il y aurait d'inexact ; mais avant de le faire avouons que cette opinion n'est pas inutile à connaître de la part de celui qui cherche un remède à la situation. Il est incontestable, en effet, que, malgré son inauguration sonore pendant le siècle de Louis XIV, l'Exposition française n'est pas encore bien établie chez nous. Pour mériter, en effet, le nom d'institution, il faut qu'une chose en usage soit réglée, partant respectée.

D'autres personnes déclarent au contraire que nos Expositions, ayant donné depuis longtemps tout ce qu'on en pouvait attendre, il ne faut plus désormais songer qu'à les supprimer. Il les verraient donc proscrire avec bonheur, ces fameuses Expositions, chasser avec applaudissements ces histrionnes qui ont gaspillé les libéralités de la France sans lui laisser ni une inspiration, ni un principe, ni un chef-d'œuvre, et maintes fois fait rougir sa pudeur.

De ces deux opinions sortira l'amélioration ou la ruine de nos Expositions nationales. Il faut se prononcer.

Les Expositions nationales doivent être maintenues, dirigées dans l'intérêt de l'Ecole Française, protégées contre toute tendance illibérale, contre toute usurpation étrangère et toute manœuvre mercantile.

Les justes plaintes qui n'attaquent pas en principe les Expositions mais qui portent sur la manière dont elles sont conduites doivent être écoutées. Les fausses accusations, doivent être une fois pour toutes confondues.

Que les Expositions soient annuelles.

Il est vrai que leur permanence n'est pas nécessaire. En tout cas, les inconvénients et les avantages de ce vœu émis par plusieurs doivent être pesés.

Pour éviter au public le dégoût et la lassitude, et aux artistes l'oubli et l'injustice, résultant du trop grand nombre d'ouvrages exposés, il faudrait :

1° Restreindre le nombre des morceaux présentés par chacun des exposants ;

2° Les diviser par genres, et les exposer successivement.

Il s'agit de voir les œuvres comme elles doivent être vues dans un concours, et non pas de les mettre en magasin.

Que le jury d'examen soit nommé à chaque Exposition par le suffrage universel des artistes, afin que nul exposant n'ait à se plaindre d'avoir été distrait de ses juges naturels.

Pas de nouveau local à construire. Le Palais des Champs-Élysées suffit amplement aux Expositions. Aucun pays n'en possède un pareil. Aménageons-le seulement avec intelligence. Rien n'est plus simple, plus facile et moins coûteux à faire.

La loterie depuis peu établie peut être maintenue, il convient de la régler.

Le directeur de l'Exposition nationale devrait être seul responsable, et par le fait même, mis durant sa gestion au-dessus de tout conflit.

Nous appelons sur ces questions l'attention des artistes, des écrivains et des hommes d'État.

Qu'ils veuillent bien examiner les droits et les besoins de l'institution la plus vivante et la plus sympathique de l'École Française.

EAUX D'ABONNEMENT, 13, QUAI VOLTAIRE, A PARIS
ET A LA LIBRAIRIE **DENTU**, PALAIS-ROYAL

PARIS .... Trois mois, **14** fr. — Six mois, **26** fr. — Un an, **54** ...
DÉPARTEMENTS. Trois mois, **15** fr. — Six mois, **29** fr. — Un an, **56** fr.
ÉTRANGER..... Le port en sus, suivant le pays.

REVUE
EUROPÉENNE

RECUEIL
LITTÉRAIRE, POLITIQUE, SCIENTIFIQUE ET PHILOSOPHIQUE

Paraissant DEUX FOIS PAR MOIS, le 1ᵉʳ et le 15

Par livraison de 14 feuilles grand in-8° (224 pages d'impression)

Directeur : M. AUGUSTE LACAUSSADE

La *Revue Européenne* a rapidement conquis une place importante dans la presse périodique, parmi les recueils les plus estimés ; elle doit la faveur qui l'a accueillie dès son origine au concours assidu, au talent consacré des hommes éminents qu'elle compte parmi ses collaborateurs, autant qu'à cette portion notable du public qu'intéressent les travaux de l'esprit et les hautes investigations de la science.

Confiée aux soins d'une direction libérale, éclairée par l'expérience du passé, la *Revue Européenne* a cherché son originalité à une égale distance des sentiers frayés et des innovations bruyantes ; elle a voulu tenir compte de tous les éléments, accueillir les hardiesses heureuses, tout en maintenant la tradition et la règle.

A côté des noms les plus autorisés, elle a groupé d'autres noms ou plus jeunes ou nouveaux, à qui n'avait manqué jusqu'ici que l'occasion de se produire.

Quelques-unes des études philosophiques, littéraires, politiques et économiques qui ont paru dans la *Revue* sont devenues des livres recherchés.

Le mouvement des esprits, les besoins du temps présent, les événements contemporains constatés, suivis, expliqués par des voix dont nul ne conteste l'autorité : tels sont les éléments qui forment dans la *Revue Européenne* un ensemble de publications du plus haut intérêt.

La chronique politique de la quinzaine, soigneusement étudiée, présente aux lecteurs un avantage que chacun peut apprécier, celui de pouvoir résumer avec exactitude la situation, en puisant ses renseignements aux sources les plus directes et les plus authentiques.

Chacune des livraisons de la *Revue* contient :

Des travaux de littérature, d'histoire, de philosophie et de science ;

Un courrier politique et littéraire des principaux centres de l'étranger ;

Une chronique musicale, des théâtres et des salons ;

Un bulletin financier ;

Des articles ou un Bulletin de bibliographie